LETTRE

A

M. GRÉVY

AU SUJET D'UNE CONSTITUTION DÉFINITIVE

DE LA

RÉPUBLIQUE FRANCAISE

PARIS

IMPRIMERIE DE DUBUISSON ET Cie

5, RUE COQ-HÉRON, 5

1873

LETTRE A M. GRÉVY

AU SUJET D'UNE CONSTITUTION DÉFINITIVE

DE LA

RÉPUBLIQUE FRANÇAISE

~~~~~~~~~

Je mets votre nom en tête de cette lettre, Monsieur, d'abord, parce que vous êtes l'auteur d'un amendement, demeuré célèbre, présenté à l'Assemblée constituante de 1848, et que l'on peut considérer comme étant, à lui seul, toute une Constitution politique.

Puis, parce que, pendant deux ans, en qualité de Président de l'Assemblée nationale, vous avez su mériter, par votre impartialité et votre indépendance, l'estime de tous les partis, et plus particulièrement la reconnaissance du parti républicain, qui s'enorgueillit à bon droit de vous compter dans ses rangs.
~~~~~~~~~

Plein d'anxiété sur l'avenir de notre pays , mais très-disposé à reconnaître que la République peut, si nous l'acceptons tous avec franchise et loyauté, lui rendre le rang et l'influence qui lui appartiennent en ce monde, je crois devoir vous soumettre quelques observations au sujet de l'amendement que je viens de citer. Je crois utile de le faire avant que cet amendement soit présenté de nouveau, comme il le sera certainement, à l'Assemblée qui aura pour mission de donner à la République française une Constitution définitive.

—

Ce que vous vouliez en 1848, Monsieur, le voulez-vous encore ?

—

Êtes-vous toujours d'avis qu'une Constitution ayant pour base une Assemblée unique, renouvelable annuellement par fractions, nommant, surveillant, destituant le pouvoir exécutif, c'est-à-dire une Assemblée qui se trouverait être à la fois, en politique, la pensée et l'action, le moteur et le régulateur, le législateur qui fait les lois et le magistrat qui les exécute, qu'une telle Constitution, dis-je, soit actuellement possible en France, ou dans toute autre grande nation de l'Europe ?

Si le monde était divisé en petits États, si toutes
les révolutions qui ont agité l'Europe, et notre pays en
particulier, avaient abouti au système fédératif, si les
grandes agglomérations d'hommes n'avaient pas pres-
que fatalement rendu nécessaire le maintien de la monarchie et même trop souvent préparé le triomphe du
césarisme, votre projet de Constitution serait, pour
chacun de ces petits Etats, le seul qui méritât d'être
adopté par les Républicains.

Mais combien d'années, combien de siècles peut-
être, combien de révolutions politiques et de boulever-
sements sociaux nous séparent du temps où une telle
organisation politique régira l'humanité !

Quand il s'agit de donner à un peuple une Constitution durable, il faut tenir compte et de la situation
morale et intellectuelle de ce peuple et de la situation
morale et intellectuelle des peuples qui l'environnent.
La France n'est pas l'île de Robinson ; sa destinée est
liée, par la tradition et par la nécessité absolue de
vivre, à la destinée de toutes les nations de l'Europe.

Je m'empresse de constater cependant que votre
projet de Constitution donne pleine satisfaction à ceux
qui veulent le gouvernement du peuple par lui-même,

et que, s'il ne doit pas être la base unique du gouvernement à donner actuellement à la France, il peut en être au moins la base principale.

Il nous montre d'abord la nation nommant librement les mandataires qui doivent la représenter, soit à l'Assemblée nationale, soit dans les conseils généraux ou municipaux ; mais les nommant pour un temps déterminé, assez long pour que leur action ne soit point stérile, assez court pour que l'exercice permanent du droit des électeurs n'ait point à en souffrir.

Puis, un ministère responsable, continuellement placé sous le contrôle de l'Assemblée, exécutant les lois, administrant les services publics ; représentation permanente de la volonté de l'Assemblée nationale, tout comme l'Assemblée nationale est la représentation permanente de la volonté du pays.

Telle est en effet, en politique et dans sa conception la plus large, l'action incessante et progressive, ce que j'appelais tout à l'heure le moteur, enfin le véritable gouvernement du peuple par lui-même.

—

Mais, dans les choses morales comme dans les choses physiques, toute action a besoin d'un frein, tout moteur ne peut fonctionner utilement sans régulateur.

Or, ce frein, ce régulateur, je n'en trouve aucune trace dans votre projet de Constitution. Le pays y est tout à fait livré à sa propre impulsion. Il est obligé de

contrôler ses propres actes, de réparer ses propres
fautes, et, en maintes circonstances, de défaire lui-
même ce que lui-même aura fait.

Il faut donc évidemment chercher en dehors de
l'Assemblée nationale la force régulatrice nécessaire
au gouvernement d'une grande nation.

—

Cette force régulatrice existe. Nous la trouverons en
France comme dans tous les pays civilisés, et nous
pourrons en faire une utile application sans nuire aux
idées si larges et si libérales que renferme notre projet.

Cette force a un nom : elle s'appelle *l'inamovibilité*.

Elle a un personnel formidable. Elle est représentée
par la magistrature, l'administration, la diplomatie,
l'enseignement public, l'armée, la marine, etc. C'est-à-
dire par cette réunion d'hommes instruits, dévoués et
disciplinés qui consacrent leur existence au service du
pays, et auxquels, en échange, le pays garantit les
moyens de vivre honorablement, non-seulement pendant
le temps que durent leurs travaux, mais encore quand
l'heure de la retraite a sonné pour eux.

—

Je sais que cette force est loin d'être parfaite dans
ses détails, et qu'elle donne souvent lieu à des plaintes

très-légitimes. Elle présente de nombreux abus, et, entr'autres, le plus pernicieux de tous, celui qu'on appelle le *fonctionnarisme.*

Mais ces abus, produit inévitable du gouvernement monarchique, ne pouvons-nous pas espérer de les voir, sinon disparaître, au moins s'amoindrir considérablement sous l'influence d'une Constitution républicaine franchement libérale, c'est-à-dire d'une Constitution qui saurait tenir compte des droits de tous ?

Le fonctionnaire public ne se sentira-t-il pas un peu plus citoyen quand il ne sera plus forcé d'être courtisan ? Et son dévouement en sera-t-il diminué ?

Et, en jugeant cette force dans son ensemble, ne sommes-nous pas obligés de reconnaître le rôle considérable qui lui appartient, non-seulement dans l'administration du pays, mais encore dans les moments de crises et de convulsions sociales ?

Cette force n'est-elle pas notre sauvegarde quand tout semble être mis en question ? et n'a-t-elle pas prouvé qu'elle est assez puissante pour empêcher une nation de périr ?

Qui donc, parmi les hommes sensés, pourrait penser à la supprimer tout à coup ? Qui donc peut vouloir remplacer cette inamovibilité et cette hiérarchie par un système basé sur l'élection et sur des services momentanés et tout de circonstance?

Ces utiles carrières ne seraient-elles pas désertées par les hommes intelligents le jour où ils n'y trouveraient ni sécurité pour leur existence ni respect pour leurs services?

Puisque l'inamovibilité représente chez nous une telle force et de telles lumières, pourquoi n'en ferions-nous pas l'une des bases essentielles de l'organisation politique du pays?

Pourquoi, d'abord, n'aurions-nous pas, à côté de l'Assemblée nationale, une seconde Chambre *inamovible*?

Ces secondes Chambres ont existé, dira-t-on, sous le titre de Chambre des pairs ou de Sénat; elles ont eu leur place dans les anciennes Constitutions politiques, et elles n'ont pu empêcher la chute des gouvernements qu'elles représentaient.

Le fait est vrai, mais il donne plus de raison qu'on ne le croit à ceux qui veulent créer dans une seconde Chambre un pouvoir uniquement pondérateur, réservant à l'Assemblée nationale seule la force d'impulsion.

Je me garderais bien, pour ma part, de demander un Sénat ayant une force directrice. Je voudrais voir en lui, je le répète, un pouvoir uniquement régulateur, rappelant à l'Assemblée nationale, quand cela serait nécessaire, le texte et l'esprit des lois politiques, et lui venant en aide par ses lumières et son expérience dans la confection des lois spéciales.

—

Supposons pendant un moment que, par un coup du hasard ou un caprice du suffrage universel, l'Assemblée nationale soit uniquement composée de jeunes gens ardents, ambitieux, sans expérience des hommes et des choses, voulant mettre en pratique, sans plus attendre, toutes les réformes politiques, sociales, religieuses que les gens sensés jugent être nécessaires, mais qu'ils savent être l'œuvre du temps aussi bien que l'œuvre des hommes.

Si cette jeune Assemblée est toute-puissante, quel désordre, quel chaos n'avons-nous pas à redouter?

Je vois déjà la majorité des citoyens, l'armée, l'administration, la magistrature, tous les gouvernements de l'Europe même désirer et favoriser un coup d'État.

Que Dieu nous préserve de cette nouvelle honte!

Je viens de reconnaître que les secondes Chambres n'ont jamais empêché les révolutions. Mais si une seconde Chambre peut, sous notre République, empêcher un coup d'État, qu'elle soit bénie d'avance, et surtout qu'elle soit votée promptement!

—

Pourquoi enfin, dominant toutes ces forces inamovibles, n'aurions-nous pas un Président de la République *inamovible ?*

Oui ! un Président inamovible !

Inamovible, comme un maréchal de France, comme le premier président de la Cour de cassation, comme un membre de l'Institut !

Et, pourrais-je même ajouter sans déplaire, je le suppose, aux partisans de la monarchie, inamovible comme le pape !

———

Je crois inutile de dire que ce Président inamovible serait absolument irresponsable et que le ministère seul aurait à rendre compte de ses actes à l'Assemblée nationale et devrait se soumettre à ses décisions.

Voilà encore, dira-t-on, un rouage emprunté à la monarchie constitutionnelle. C'est vrai, répondrons-nous de nouveau ; mais qu'importe, si ce rouage, dont la liberté politique d'ailleurs a tiré tant d'honneur et de profit, si ce rouage se trouve transformé, et si de rouage monarchique il devient rouage républicain !

Le principe de l'inamovibilité dont je plaide ici la cause ne représente nullement la monarchie. Le seul principe qui la représente, c'est le principe de l'hérédité, et ce principe dépasse le but qu'il veut atteindre : c'est l'idée de durée et de conservation poussée jusqu'à l'absurde.

La monarchie héréditaire n'a plus de raison d'être en France. Le charme a été rompu, et tous les efforts que l'on a pu faire pour le rétablir ont été infructueux.

Même quand elle a été élue par la nation, la monarchie héréditaire n'a pas été viable. Ce n'est pas la volonté du peuple qu'elle a représentée, c'est son abdication. Ceux qui ont réclamé et qui réclament encore des plébiscites le savent bien, et si rien ne les contient, ils chercherout encore, sans le moindre souci de leur propre dignité, à exploiter l'ignorance des masses pour reprendre la direction des affaires du pays et en faire ce que nous savons.

Si la seconde Chambre peut empêcher un coup d'État, et si la Présidence inamovible peut empêcher un plébiciste, je répète le vœu que je viens de formuler : Que la France se hâte de les voter l'une et l'autre!

La Présidence inamovible, d'ailleurs, n'offrira point le spectacle d'une cour, où chacun a ses flatteurs et ses partisans, non-seulement le souverain régnant, mais encore l'héritier présomptif de la couronne, le futur régent ou la future régente, etc. Les intérêts de la nation ne peuvent y être sacrifiés aux intérêts dynastiques.

La famille du Président ne compte point dans l'État, et son fils, quand il en a un, ne peut pas plus prétendre à la succession de son père, que le fils d'un guerrier illustre ne peut se croire des droits à l'héritage du bâton de maréchal de France.

Et puis, quel profit ont tiré du principe d'hérédité tous les souverains qui ont régné en France depuis 1789 ? Que n'eussent-ils pas gagné à être des chefs d'État inamovibles ? Et la France, que n'y eût-elle pas gagné elle-même ?

—

Je soumets ces questions, Monsieur, aux hommes de cœur et d'intelligence qui, comme vous, veulent fonder une République sage, progressive et puissante.

Je n'ai pas la prétention de présenter ici un projet de Constitution. Ce serait dépasser le but de la lettre que j'ai l'honneur de vous adresser.

Tout au plus, me bornerai-je à dire que, dans ma pensée, les deux Chambres réunies devraient élire le Président de la République.

Et que ces deux Chambres réunies, à l'exemple de la Cour de cassation, prononceraient définitivement sur la plupart des différends qui pourraient surgir entr'elles.

Toutes les autres questions, si nombreuses et si importantes, qui se rattachent à la Constitution que les représentants du pays vont discuter seront étudiées et résolues par des esprits plus éclairés et plus autorisés que le mien.

Je ne fais qu'un vœu, c'est que cette Constitution républicaine, en rétablissant l'ordre et la concorde à l'intérieur, rende à la France son influence à l'extérieur ; que, représentant à la fois le progrès et l'ordre dans le progrès, elle attire l'attention et la sympathie des peuples, et devienne un sujet de sérieuses réflexions pour tous les souverains qui règnent en vertu du droit divin.

—

Le sentiment qui m'anime est un sentiment tout patriotique. J'ai l'âme navrée quand je considère l'état des esprits en France. Les haines y sont tellement vives, les menaces si fréquentes de part et d'autre, que je redoute pour mon malheureux pays la guerre civile et toutes les hontes, et toutes les ruines qu'elle traîne après elle.

Je voudrais que la France sentît la nécessité de dompter ses passions et de consacrer ses forces, encore si vives, et ses facultés, toujours merveilleuses, à une régénération d'elle-même qui lui rendît sa propre estime et l'estime du monde entier.

Je souhaite donc que la Constitution qui va être faite soit résolûment placée sur un terrain où la conciliation devienne possible.

A mon avis, c'est au parti républicain qu'appartient l'honneur de choisir ce terrain et de préparer cette conciliation.

C'est lui, qui doit revendiquer le droit de dire, hautement ; je suis le véritable parti *conservateur*.

Les hommes éclairés et indépendants des différents partis monarchiques ne refuseront pas de répondre à son appel, et d'un commun accord ils sauront faire une République le jour où il sera prouvé que cette République peut rendre à la France la place qui lui appartient à la tête des nations civilisées.

Je vous prie d'agréer, Monsieur, l'assurance de mes sentiments respectueux.

Émile RIBAN.

Paris. — Imp. de Dubuisson et Cⁱᵉ, rue Coq-Héron, 5. — 3922